Recupere su vida

Celeste Brown

Copyright 2019 - Todos los derechos reservados.
Aviso Legal: Este libro está protegido por derechos de autor. Este libro es solo para uso personal.

Tabla de Contenido

Usted PUEDE ser libre _____ 4

Por qué está bajo ataque _____ 7

Mi historia _____ 10

Lo que la Escritura tiene que decir ____ 19

Antes de leer la oración _____ 25

La Oración _____ 26

Reflexiones sobre la Oración _____ 30

Cómo utilizarla para obtener el mejor efecto _____ 33

Mantenga una buena pelea:
Por qué la persistencia da resultado __ 37

Ahora es su deber ayudar a los demás _ 41

Usted PUEDE ser libre

Posesión demoníaca, guerra con Satanás, entidades malévolas - términos como estos podrían sonar locos para usted. Usted podría ser perdonado por asumir que pertenecen a movimientos religiosos marginales que tienen muy poco que ver con el cristianismo cotidiano y la vida en la Palabra. Si este es su caso, no lo culpo ni un poquito - así es exactamente como me sentía antes.

Por otro lado, tal vez ha tenido experiencia de primera mano con fuerzas oscuras o conoce a alguien que ha sufrido como resultado de su influencia. En ese caso, usted podría estar más abierto a aceptar que las fuerzas del mal pueden causar estragos en la vida de las personas y que indudablemente existen en un reino del que sabemos poco.

En cualquier caso, puedo atestiguar, con buena fe cristiana y por experiencia personal, que sí existen fuerzas malévolas y que existe una buena posibilidad de que influyan en su vida en mayor o menor grado.

A veces es pequeño, ya que parece que tiene mala suerte y pocas cosas parecen ir bien para usted. En casos más serios - cuando usted es el objetivo de una entidad maligna poderosa - puede poner su vida patas arriba. Puede arruinar su salud, sus relaciones, sus finanzas, y luego extenderse a su familia.

El enemigo final - Satanás - tiene una meta. Destruir su vida y quitar su atención de la Palabra. Esto usualmente comienza en pequeñas maneras, pero con el tiempo - como una herida abierta que se supura y luego se infecta - escalará hasta que eventualmente termine en un lugar muy oscuro donde siente que se ha perdido toda esperanza. No se equivoquen, Satanás los quiere débiles, vulnerables y sin esperanza - porque así él puede influir en ustedes para que cumplan sus órdenes sin resistencia.

Sin embargo, quiero dejar una cosa muy clara - hay una manera de removerlo a él y su oscura influencia de su vida para siempre. En este libro, compartiré con ustedes la oración especial que ha expulsado todas las fuerzas del mal de mi propia vida. Desde que me enteré de esta oración, la he usado para ayudar a muchas otras personas a eliminar el mal de su vida y a recuperar la vitalidad, la buena fortuna y la abundancia que merecen.

Este no es un libro muy largo, ya que no creo en escribir una teoría interminable, rellenas de información solo para llenar más páginas. Eso sería un mal servicio para usted y una pérdida de tiempo. Mi meta es darle los hechos y conocimientos esenciales AHORA - para que usted pueda empezar a tomar acción HOY MISMO.

Así que empecemos a aprender a recuperar su vida.

Celeste Brown

Por qué está bajo ataque

Antes de continuar, hay una cosa que necesito abordar. Es una pregunta que me han hecho muchas veces en mi trabajo espiritual y también la pregunta que seguí haciendo durante mi largo período de oscuridad. La pregunta es: ¿por qué yo? ¿Por qué he sido blanco de ataques espirituales por parte de fuerzas malévolas? ¿Es porque soy una mala persona? ¿Es porque he ofendido al Señor de alguna manera y he sido abandonado? ¿Es porque alguien me ha deseado desgracia y ruina?

En primer lugar, quiero que sepan que he ayudado a maestros, médicos, voluntarios y pastores. Algunas de las personas más amables y generosas que podría conocer. Usted NO está en esta situación porque sea una mala persona o porque haya tomado alguna acción que inadvertidamente haya convocado a entidades malvadas. Tampoco es porque alguien haya querido hacerle daño. Aquellos que intentan usar los medios oscuros para dañar a otros siempre - tarde o temprano - ven este efecto contraproducente en ellos de manera espectacular.

El hecho es que en algún momento estaba experimentando una vida difícil y su fe fue afectada - esto le pasa a todo el mundo. Una fuerza oscura usó esta oportunidad para captar el más pequeño punto de apoyo en su vida y, con el tiempo, esta influencia maligna ha crecido en las sombras. Piense en ello como un virus de la gripe o un parásito. Cuando su sistema inmunológico es fuerte, tiene defensas severas para garantizar que no pueda entrar contaminación externa en su cuerpo y dañarlo. Sin embargo, cuando su sistema inmunológico se debilita, entonces su cuerpo no tiene la fuerza para protegerlo de las amenazas externas. Esto es cuando usted se infecta y luego se enferma. Está lidiando con una enfermedad espiritual en su vida.

Piense en su vida ahora y en el momento en que sospechó por primera vez que una fuerza externa podría ser la causa de sus problemas. ¿Cuándo surgió esta sospecha por primera vez? Ahora recuerde incluso más allá de ese punto.

¿Sufrió algún tipo de desgracia, lesión o pérdida, y esto, aunque sea temporalmente, afectó su fe? En mi trabajo de sanación con docenas y docenas de personas, la respuesta es invariablemente sí.

Sus defensas estaban bajas y algo siniestro vio la oportunidad de unirse a usted. Como un cáncer, ha crecido con el tiempo. Al igual que un cáncer, su objetivo final es tomar el control por completo. Como un cáncer, no entrará en remisión y morirá sin una intervención drástica.

La buena noticia es que la enseñanza de sanación dentro de este libro es el equivalente espiritual del medicamento contra el cáncer más poderoso jamás creado. Tiene el poder de borrar las entidades cancerosas que lo han estado plagando y asegurar que nunca regresen – nunca más. Además, tiene el poder de proteger a sus seres queridos. Estas fuerzas del mal no tendrán camino para infectar (o reinfectar) a su familia y a su hogar. Nos ocuparemos de esto de una vez por todas.

Mi historia

Mi nombre es Celeste Brown y soy esposa y madre de tres hijos en Wisconsin, Estados Unidos.

La verdad es que no hay nada especial en mí. Nunca me visitaron los ángeles cuando era niña, nunca fui particularmente estudiosa en el estudio de la Biblia mientras crecía, y no pretendo tener el poder de poner mis manos sobre usted y curarlo de sus aflicciones. Pero lo que puedo decir, sin embargo, es que soy la prueba viviente de que puede desterrar las fuerzas de la oscuridad de su existencia y reclamar su vida para que pueda una vez más ser gloriosa y satisfactoria. Este es mi milagro personal.

No lo logré por tener poderes especiales, sino por un "encuentro casual" con un hombre que cambió mi vida. Por supuesto, ahora sé que estas cosas no suceden por casualidad y que había un propósito detrás de este evento. Ese propósito era usar mi experiencia de salvación para difundir el conocimiento que había alcanzado, para que otros también pudieran reclamar sus vidas. Esta es la razón por la que he escrito este libro y, por la gracia de Dios, he sido capaz de entregar su conocimiento a lectores como usted.

Ahora vamos a hacer una breve reseña de mi historia.

Hace diez años me encontré al borde del divorcio, mi salud se estaba deteriorando rápidamente, mis hijos estaban fracasando en la escuela y yo estaba en un constante estado de angustia mental.

Las cosas empezaron a ir mal en mi vida lentamente al principio. Después de una vida muy normal hasta los 30 años, de repente me volví muy propensa a sufrir lesiones, accidentes automovilísticos y muchas enfermedades menores como la gripe y las infecciones torácicas. Pensé que era solo una mala racha, pero, después de un tiempo de continuas desgracias, empecé a preguntarme si otras personas tienen tan mala suerte en sus vidas. Por lo que pude ver, lo dudé.

Un día resbalé en el pavimento y caí muy torpemente, rompiéndome el hueso metatarsiano de mi pie izquierdo. No solo fue doloroso, sino que significó que tuve que dejar el trabajo por un largo período. Todavía estaba en el período de prueba de mi nuevo trabajo, así que mi empleador usó mi lesión como excusa para dejarme ir.

La restricción de mi movimiento no me permitía hacer mucho en la casa, lo que significaba que mi esposo tenía que dar un paso adelante para asegurar que nuestros hijos fueran atendidos y que la casa se mantuviera en algún tipo de orden. En el pasado, siempre estaba muy contento de ayudar en la casa, pero de repente, se resintió profundamente de la carga extra que se le imponía. Era taciturno, irritable y parecía tener mucha ira dirigida hacia mí.

Al mismo tiempo, mis dos hijos (gemelos) y su hermana menor comenzaron a enfrentar una serie de desafíos. Los niños se volvieron incontrolables en la escuela y nos dijeron que serían suspendidos si su comportamiento no mejoraba. Mi hija se volvió introvertida, tuvo dificultades para dormir y se enojaba rápidamente. Todo esto no se parecía a ninguno de mis tres hijos que, hasta ese momento, eran alegres, estudiosos y, en general, se comportaban bien.

Luego me dio la peor infección torácica de mi vida, que me llevó al hospital con una mucosidad en la garganta, sintiéndome como si tuviera un elefante sentado sobre mi pecho. Esa noche, en la sala del hospital, hice un balance de mi vida. Era incomprensible para mí por qué mi familia estaba tan fuera de sí y por qué me enfrentaba a constantes problemas de salud. Sí, mi lesión en el pie había interrumpido nuestra vida familiar, pero eso no explicaba por qué las personas más cercanas a mí eran ahora aparentemente diferentes a las que yo conocía y amaba.

En ese momento palabras como Satanás, espíritus y fuerzas demoníacas ni siquiera entraron en mi mente.

Los fuertes esteroides que me recetaron finalmente me calmaron el pecho lo suficiente como para salir del hospital y, usando muletas, pude cojear por mi área local.

En uno de mis paseos visité una librería e inmediatamente me sentí atraída por la pequeña sección sobre el cristianismo. Mientras hojeaba los diversos libros, sentí un toque en mi hombro. Me volví para encontrar a un hombre muy viejo con un bastón en una mano y una Biblia usada en la otra. A pesar de su avanzada edad, tenía unos ojos azules radiantes que indicaban tanto su benevolencia como su agudeza mental.

Se presentó solo como el Padre Ryan, un pastor jubilado, y me preguntó qué estaba buscando. Mientras me miraba con esos ojos perceptivos, empecé a llorar. No tenía ninguna explicación para esto y estaba fuera de lugar para mí, por decir lo menos. Dejó su Biblia, tomó mi mano y simplemente dijo "Cuéntame". No solo derramé mis lágrimas, sino que también derramé mi historia de lo que había sido mi vida y mi familia. Confesé que no tenía ninguna explicación de lo que nos había sucedido y que necesitaba ayuda.

Escuchó atento y ofreció sus condolencias, pero

luego dijo algo que me sorprendió. Me preguntó si había considerado la influencia de Satanás. Él continuó explicando que había tenido una larga carrera en el ministerio y grupos de malos acontecimientos, como los que yo estaba experimentando, por lo que a menudo señalaban el trabajo de las fuerzas demoníacas. Estaba lejos de estar convencida.

Me ofreció una oración que dijo que había usado con éxito para derrotar a las fuerzas oscuras a lo largo de su carrera. Yo era escéptica, pero no quería ofender a este amable hombre que se había tomado el tiempo para escuchar mis problemas. Así que tomé prestado un bolígrafo y un trozo de papel de la cajera y anoté la oración, que él me recitó de memoria. Es exactamente la misma oración que encontrará más adelante en este libro.

Debo admitir que solo escribí la oración porque no quería ofender al Padre Ryan, en lugar de usarla. Yo era una firme no creyente en todas las cosas oscuras y demoníacas. Para mí, todo era una tontería.

Sin embargo, una vez más me tomó de la mano y

me pidió que le prometiera que al menos probaría la oración. Así que, en el compañerismo cristiano, estuve de acuerdo y tomé nota de sus instrucciones sobre cómo usarla de la mejor manera posible.

Así que ahora estaba obligada a probar la oración. Una parte de mí estaba molesta porque me habían obligado a hacer algo que no creía que pudiera funcionar. Otra parte de mí estaba abierta a la posibilidad de que pudiera haber algo de verdad en la oración, la cual tuve que admitir que era muy poderosa mientras la escribía. El hecho de que tuviera pocas opciones o ideas, era sin duda otra razón por la que al menos lo intenté. Así que empecé en serio ese mismo día.

Aproximadamente una semana después de usar esta oración, recuerdo que era un miércoles por la tarde y que estaba en mi jardín, y sentía que me quitaban un gran peso del pecho. Esto no fue simplemente la infección torácica que finalmente abandonó mi cuerpo. Solo puedo describirlo como una niebla mental, una nube de pesimismo y una energía oscura que se evaporaba. Lo curioso es que solo después de que estas cosas se fueron fue que me di cuenta de que estaban allí en primer lugar. Estos sentimientos se habían convertido en una parte tan arraigada de mi ser que pensé que eran solo una parte de mi naturaleza. Solo después de probar esta dulce libertad - incluso cuando empezó a llover en mi jardín - supe sin lugar a duda que había estado en las garras de las fuerzas oscuras. Ningún otro poder podría haber devastado mi vida y mi hogar tan profundamente durante todos estos años. Caí de rodillas para agradecer.

Sabía que por fin era libre. También sabía con toda mi alma que esta oración serviría como mi armadura espiritual. Nunca permitiría que las fuerzas oscuras volvieran a entrar en mi vida o en mi hogar. Ahora tenía un arma poderosa contra Satanás y, como el cobarde que es, se fue en busca de una presa indefensa más fácil. Así es como trabaja, siempre buscará la fruta que le cuelga, la opción fácil. Esa no era yo, ya no.

Con el tiempo, pude salvar mi matrimonio y mostrar a mis hijos un camino más productivo para sus vidas. Resultó que el comportamiento de mi hija se debió a que le presentaron una variedad poderosa de la droga marihuana. Ella pudo dejar el hábito y juró por el Libro Sagrado que lo había abandonado para siempre.

No pretendía que nuestras vidas se transformaran de la noche a la mañana. Tomó trabajo y terapia. Sin embargo, sentí claramente que las fuerzas que nos mantenían en la esclavitud de la desconfianza, la negatividad y la desgracia se habían levantado. Finalmente tuvimos la oportunidad de sanar e iluminar las áreas donde antes solo había oscuridad.

Ver los cambios en aquellos a quienes amas es verdaderamente la mayor bendición.

Lo que la Escritura tiene que decir

Hasta ahora he hablado de mis opiniones y experiencias. Ahora es el momento de respaldar esto con las Escrituras.

Siempre que alguien esté tratando de convencerte de algo, mira siempre al Buen Libro para confirmar que está siendo guiado por el camino correcto. Este es particularmente el caso cuando se trata de asuntos espirituales. Nunca tome un curso de acción sin que esté precedido en la Biblia.

En este capítulo, veremos algunos pasajes clave de las Escrituras que arrojan luz sobre la lucha que tenemos ante nosotros y las herramientas que necesitamos para derrotar a Satanás y sus secuaces.

Empecemos con la descripción bíblica de la naturaleza de la guerra espiritual contra las fuerzas del mal.

Efesios 6:11-13

"Vestíos de toda la armadura de Dios, para que podáis estar firmes contra las asechanzas del diablo. Porque no tenemos lucha contra sangre y carne, sino contra principados, contra potestades, contra los gobernadores de las tinieblas de este siglo, contra huestes espirituales de maldad en las regiones celestes. Por tanto, tomad toda la armadura de Dios, para que podáis resistir en el día malo, y habiendo acabado todo, estar firmes".

Pedro 5:8

"Sed sobrios, y velad; porque vuestro adversario el diablo, como león rugiente, anda alrededor buscando a quien devorar".

2 Corintios 10:3-5

"Pues aunque andamos en la carne, no militamos según la carne; porque las armas de nuestra milicia no son carnales, sino poderosas en Dios para la destrucción de fortalezas, derribando argumentos y toda altivez que se levanta contra el conocimiento de Dios, y llevando cautivo todo pensamiento a la obediencia a Cristo".

Estos pasajes describen maravillosamente la naturaleza de la batalla a la que nos enfrentamos. Se trata de un enemigo astuto, engañoso y feroz que "merodea por ahí buscando a alguien a quien devorar". Este es Satanás buscando a su próxima víctima.

También se nos dice que "no estamos haciendo la guerra según la carne" y que "nuestra lucha" es contra las "fuerzas espirituales de la maldad". Esto muestra que no estamos peleando una batalla convencional y necesitamos combatir la influencia de Satanás en el reino espiritual, más que en el físico, si queremos derrotarlo.

También se nos dice que nos pongamos "toda la armadura de Dios, para que podamos mantenernos firmes contra las maquinaciones del diablo". Recuerden, estamos hablando de la armadura espiritual, que es la oración, la creencia y la convicción.

Ahora veamos algunos pasajes acerca de cómo podemos encontrar la salvación.

Colosenses 1:13

"El cual nos ha librado de la potestad de las tinieblas, y trasladado al reino de su amado Hijo".

Timoteo 2:25-26

"Que con mansedumbre corrija a los que se oponen, por si quizá Dios les conceda que se arrepientan para conocer la verdad, y escapen del lazo del diablo, en que están cautivos a voluntad de él".

Mateo 4:10

"Jesús le dijo: "¡Vete, Satanás! Porque escrito está: "Al señor tu Dios adorarás, y solo a él servirás".

Espero que estos tres pasajes traigan valor y valentía a su corazón. Nos enseñan que, cuando se trata de la batalla, Satanás no es rival para Dios. "Él nos ha liberado del dominio de las tinieblas" es una línea que debemos mantener particularmente cerca de los corazones. Porque es el resultado que buscamos. Ahora sabemos que podemos escapar del dominio de las tinieblas y de "la trampa del diablo". Sea audaz. Sea valiente. Nos estamos armando con armas espirituales para derrotar la influencia demoníaca.

Quiero resaltar una línea más de las Escrituras antes de seguir adelante.

> *Santiago 4:7*
>
> *"Someteos, pues, a Dios; resistid al diablo, y huirá de vosotros".*

Esta oración va al corazón absoluto de este libro y la oración contenida en él. Necesita someterse a Dios y pedirle la fuerza de su único hijo para que lo ayude a volver a la luz. Deje de lado el orgullo y sométase al único poder superior que puede salvarlo a usted y a su familia. Vengan a esta enseñanza con humildad y obediencia y dejen que haga milagros para ustedes.

Antes de leer la oración

La oración está contenida en el siguiente capítulo. Antes de leerlo me gustaría pedirles que se preparen un poco.

Por favor, encuentre un lugar tranquilo donde no se le moleste para que pueda leer la oración en paz y serenidad. Si está ocupado en este momento ¿por qué no lo lee más tarde cuando tenga un espacio más tranquilo y mental?

Después de haber leído la oración, le pido que se tome unos minutos para no hacer nada y sentarse en silencio. Permita un poco de tiempo para contemplar lo que acaba de leer.

Permita que cualquier sentimiento aflore y esté en el momento con la oración y las palabras. Note sus emociones y cualquier sensación que surja dentro de usted. Luego pasamos al siguiente capítulo titulado "Pensamientos posteriores sobre la oración".

La Oración

Jesús, puedo sentir la ominosa presencia de la oscuridad a mi alrededor.

Reconozco que mi enemigo está trabajando para desanimarme, para llevarme a la tentación, para apartar mis ojos de ti. Me siento impotente en esta tormenta, Señor.

Necesito que tu poder sobrenatural se mantenga fuerte y no se rinda. Mi fuerza corporal no ayudará porque, como has decretado, las armas de guerra son diferentes de las del mundo material.

Como creyentes, nuestras armas son poderosas y pueden demoler fortalezas oscuras y mentiras. Estas armas sobrenaturales se originan en ti, y solo en ti, Señor.

Por tu precioso nombre en sangre, Jesús, te pido que

confundas a Satanás y pongas fin a su intento de arruinar mi vida y hacer daño a mis parientes.

Ayúdame a no desanimarme o a sucumbir cuando lleguen los tiempos de las pruebas. Cuando estoy cansado y débil, tú eres fuerte, Señor, y eres mi única fuente de salvación. No puedo luchar sin ti.

Confío en ti para derribar estas fortalezas que nos mantienen indefensos a mí y a mi familia. Protégenos del aislamiento que nos deja expuestos y vulnerables.

Destruiste el poder del mi enemigo por tu muerte y resurrección. Pero la lucha no ha terminado. Mi enemigo sigue susurrando mentiras, tergiversando verdades e intentando inflar mi orgullo egoísta.

Hoy declaro al Diablo y a sus demonios mentirosos, Oh, Señor. A través del poder de tu precioso nombre y sangre, estoy de acuerdo con tu Palabra y con la verdad de que estás en mí y que eres más grande que mis enemigos que conspiran para reemplazarte.

Tú, tu Palabra y tu oración son mis armas secretas. Te pertenezco, y eso me llena del poder y el propósito de recuperar mi vida. Quiero ser vestido constantemente con la armadura espiritual que tú me ofreces. Ayúdame a usarla para defenderme a mí mismo y a otros de los dardos ardientes de Satanás.

Fortalece mi fe, Señor. Perdona mis pecados para que pueda estar limpio en tu justicia. Hazme valiente para que pueda pararme y pelear la batalla espiritual por mi vida. Dame tu sabiduría y discernimiento para que no me tome por sorpresa.

Juntos, Señor, venceremos las tinieblas porque, en verdad, ya lo has hecho.

En el poderoso nombre de Jesús, ante el cual TODOS se inclinarán. Amén.

Reflexiones sobre la Oración

Espero que haya tenido la oportunidad de reflexionar sobre la oración. Si no, por favor, tómese un momento.

¿Cómo se sintió cuando leyó la oración?

¿Transmitía con precisión sus sentimientos acerca de su situación?

¿Le dio un sentido de esperanza?

¿Siente que la oración lo ayudará como una herramienta afilada para derrotar a la oscuridad en su vida?

Si usted es como yo, entonces tuvo una reacción emocional al leer las palabras y contemplar la oración. Un sentido de esperanza se elevó dentro de usted - una chispa que se convertirá en una llama y devorará a su enemigo.

Veamos por qué la oración es tan poderosa.

Admite que necesita ayuda

Como se menciona en el capítulo sobre las Escrituras, ahora es el momento de dejar de lado el orgullo y someterse. La oración admite que estamos indefensos ante este ataque y que necesitamos tanto defensas como armas espirituales para luchar. Esto se lo pedimos a Cristo con humildad.

Llama al Diablo

La oración expone a Satanás como un mentiroso y manipulador. Esto es importante porque demuestra que ya no somos parte de su astuto plan. No estamos siguiendo ciegamente su voluntad y permitiendo que nuestras vidas desciendan en espiral hacia abajo. Nos hemos hecho sabios a su presencia y lo estamos llamando fuera de las sombras. Una vez que es expuesto, puede ser atacado.

Coloque a Jesús por encima de todas las entidades oscuras

La oración establece sin ambigüedades que

TODOS debemos inclinarnos ante Jesús. Al pedir ayuda al Salvador, reafirmamos que ninguna fuerza satánica puede estar ante la luz de Cristo. Él es el Rey de Reyes y decimos alto y claro que su fuerza no puede ser igualada por ninguna fuerza demoníaca.

La batalla ha sido ganada antes

Hay una línea muy importante hacia el final de la oración – "VENCEREMOS las tinieblas porque, en verdad, ya lo has hecho". Esto atestigua el hecho de que Jesús ya ha derrotado a Satanás al no ceder ni una sola vez a sus tentaciones. Entonces, estamos afirmando que se ha PROBADO que Satanás no es rival para Jesús. Por lo tanto, estamos pidiendo la ayuda de un aliado invicto.

Cómo utilizarla para obtener el mejor efecto

Así que ahora conocemos la oración y hemos visto por qué es tan efectiva. A continuación, debemos aprender a utilizarla de la mejor manera posible. Las dos preguntas importantes son: ¿Con qué frecuencia oramos y a qué hora?

El Padre Ryan me dio la respuesta a esta pregunta cuando me ofreció la oración. Sin embargo, antes de compartir su respuesta con ustedes, siento que es sabio examinar la Biblia para entender completamente la evidencia de esta instrucción.

> *Deuteronomio 6: 4-9*
>
> *"Escucha, oh Israel, el Señor es nuestro Dios, el Señor uno es. Amarás al Señor tu Dios con todo tu corazón, con toda tu alma y con toda tu fuerza. Estas palabras que yo te*

*mando hoy, estarán sobre tu
corazón. Las enseñarás
diligentemente a tus hijos, y
hablarás de ellas cuando te
sientes en tu casa y cuando
andes por el camino, cuando te
acuestes y cuando te levantes.
Las atarás como una señal a tu
mano, y serán por insignias[a]
entre tus ojos. Las escribirás
en los postes de tu casa y en
tus puertas".*

Observe las instrucciones para hablar sobre los mandamientos de Dios "cuando te acuestes y cuando te levantes". Los cristianos devotos entendían que esto significaba meditar en la Biblia al principio y al final del día.

En el libro del Antiguo Testamento, Josué, confirma la importancia de meditar dos veces al día en las Escrituras.

Capítulo 1, verso 8.

"No dejes que este libro de la ley se aparte de tu boca;

> *medítalo día y noche, para que tengas cuidado de hacer todo lo que está escrito en él. Entonces serás próspero y exitoso".*

Jesús mismo enfatizó la necesidad de perseverar en la oración. Indicó que los cristianos deben orar por lo menos dos veces al día - durante el día y la noche.

> *Lucas 18, versículo 1*
>
> *"¿Acaso Dios no hará justicia a sus escogidos, que claman a él día y noche? ¿Se tardará mucho en responderles? Les digo que sí les hará justicia, y sin demora. No obstante, cuando venga el Hijo del hombre, ¿encontrará fe en la tierra?"*

Este versículo muestra el deseo de Dios de que sus seguidores le clamen "día y noche". Sin embargo, la pregunta sobre la que concluye la parábola es si la fe existe entre el pueblo de Dios.

¿Sus elegidos tienen la fe para creerle que sus oraciones son eficaces? En este pasaje, Jesús declara claramente su deseo de que los cristianos oren cada día y cada noche.

Así que, en respuesta a las dos preguntas que planteé al principio de este capítulo: por la mañana después de levantarse y por la noche antes de acostarse, son los momentos en que esta oración es más eficaz. Haga esto todos los días sin falta hasta que salga victorioso en su batalla. No vacile en su compromiso o convicción.

Mantenga una buena pelea: Por qué la persistencia da resultado

Terminé el capítulo anterior con un llamado para que se comprometa con este proceso y se mantenga firme en sus oraciones. Veamos por qué esto es tan crucial para asegurar la victoria sobre las fuerzas demoníacas y liberar su vida.

Cuando comience su práctica de oración, habrá momentos en los que dudará de si esto realmente puede funcionar para usted. Usted puede preguntarse si una oración que lee en un libro corto realmente tiene la capacidad de alterar dramáticamente el curso de su vida.

Usted puede incluso preguntarse si las desgracias que ha experimentado se deben en realidad a la influencia de las fuerzas oscuras. Tal vez se equivocó, ¿no son todas esas tonterías supersticiosas?

Cuando estos pensamientos entran en su mente - y es probable que lo hagan – pregúntese a usted mismo. ¿De dónde vienen estos pensamientos? Más importante aún, pregúntese a sí mismo, ¿de quién provienen estos pensamientos?

¿Quién quiere que pierda la fe en sus acciones? ¿Quién quiere que deje de rezar día y noche? ¿Quién quiere que termine su llamado al Rey de Reyes para que lo vista con armadura espiritual? ¿Quién lo quiere de vuelta donde estaba antes? ¿Quién lo quiere dócil y susceptible a sus planes? ¿Quién le susurra desde las sombras?

Creo que no necesita mi respuesta.

Yo no le conozco. No sé si usted es joven o viejo, no sé si es hombre o mujer. Pero sé que será tentado a desviarse del camino correcto - así como Satanás tentó a Jesús mientras ayunaba durante 40 días y noches en el desierto de Judea.

¿Qué hizo Jesús? ¿Acabó rindiéndose?

¡No! se mantuvo firme y resistió todas y cada una de las tentaciones. Fue solo después de esta prueba espiritual que regresó a Galilea para comenzar su ministerio. Y es solo después de esta prueba de tentación que estará libre de influencias malignas. Esta es SU prueba. Permanezca comprometido y sométase a Cristo. La persistencia es su camino hacia la victoria.

Ahora veamos un excelente ejemplo de la palabra de Jesús.

Lucas 11:5-13

"Jesús dijo a sus discípulos: Supongamos —continuó— que uno de ustedes tiene un amigo, y a medianoche va y le dice: "Amigo, préstame tres panes, pues se me ha presentado un amigo recién llegado de viaje, y no tengo nada que ofrecerle". Y el que está adentro le contesta: "No me molestes. Ya está cerrada la puerta, y mis hijos y yo estamos acostados. No puedo levantarme a darte nada". Les digo que, aunque no se levante a darle pan por ser amigo suyo, sí se levantará por su impertinencia y le dará cuanto

necesite".

Ayudaré a explicar esta parábola. Un hombre tiene un amigo que viene a visitarlo. Pero el hombre no tiene pan que ofrecer. Así que se dirige a su vecino de al lado y le dice: "Préstame tres hogazas de pan". El vecino responde: "No puedo hacerlo. Ya estoy en la cama. No me molestes".

Entonces Jesús explica: "Te digo, aunque él no se levantará y se lo dará porque es su amigo, pero debido a su persistencia, se levantará y le dará todo lo que necesite".

Quiero repetir la parte final una vez más: "pero debido a su persistencia, se levantará y le dará tantos como necesite".

Jesús nos está enseñando que la persistencia le dará lo que necesita - no habrá límite a lo que usted recibirá.

Por favor, tómeselo en serio.

Ahora es su deber ayudar a los demás

Si son firmes en sus oraciones y tienen la persistencia de ignorar todas las distracciones, entonces, como yo, estarán libres de influencias demoníacas.

Lo sabrá cuando esto suceda. Será una sensación inconfundible en cuerpo, mente y alma. Experimentarán el levantamiento repentino de una pesadez que los ha estado agobiando por tanto tiempo.

Tengo plena fe en que esto sucederá por usted. Sin embargo, cuando lo haga, su trabajo no está hecho.

Creo que es nuestro deber solemne ayudar a los demás una vez que hayamos experimentado la alegría de la curación. Cuando haya expulsado a Satanás, ¿qué va a hacer?

Recuerde las palabras de Pedro 5:8

> *"Cuídense de su gran enemigo, el diablo, porque anda al acecho como un león rugiente, buscando a quién devorar".*

Eso es correcto. Una vez que lo hayan expulsado y levantado fuertes defensas espirituales que no puede penetrar, se escabullirá y buscará un objetivo fácil. Alguien que tiene mala suerte y tal vez está pasando por una crisis momentánea de fe.

No es cristiano ignorar la difícil situación de nuestros hermanos y hermanas. Solo porque estamos personalmente libres de influencias oscuras, la guerra contra la oscuridad no se gana. Todavía es nuestro deber colectivo luchar la buena batalla en nombre de la humanidad.

¿Cómo puede hacer esto?

Comparta su ejemplo, regale este libro a los necesitados, haga copias de la oración para distribuir a su congregación. Utilice las redes sociales y los comentarios de las personas.

Conviértase en un faro de esperanza para aquellos que están luchando contra el mal.

Los dejaré con el versículo de la Biblia que he tenido en mi corazón desde que fui sanada. Espero que lo inspire a usted también.

> *Hebreos 6:10*
>
> *"Porque Dios no es injusto para olvidar vuestra obra y el trabajo de amor que habéis mostrado hacia su nombre, habiendo servido a los santos y sirviéndoles aún".*

No le deseo nada más que amor y luz.
Celeste Brown

www.ingramcontent.com/pod-product-compliance
Lightning Source LLC
Chambersburg PA
CBHW071039080526
44587CB00015B/2695